AF385142

ENCORE
QUELQUES EXIGENCES

DE

NOTRE RÉVOLUTION DE 1830.

PLUS DE PAPAUTÉ, PLUS DE CONGRÉGATIONS, PLUS DE
MAJORATS, PLUS DE NOBLESSE, PLUS DE PAIRIE
HÉRÉDITAIRE, PLUS D'ENTRAVES A LA PRESSE,
PLUS DE CENS D'ÉLIGIBILITÉ.

A chacun selon sa capacité, à chaque capacité selon ses œuvres.
(SAINT-SIMON.)

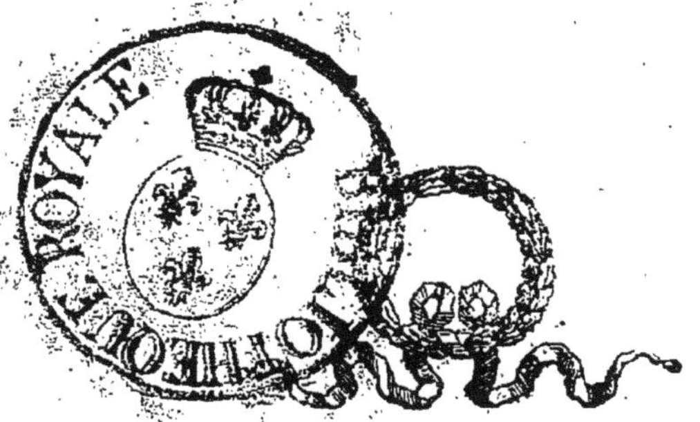

PARIS,

ACHILLE DÉSAUGES, LIBRAIRE,

RUE JACOB, N° 5.

DÉCEMBRE 1830.

PARIS, IMPRIMERIE DE DECOURCHANT,
Rue d'Erfurth, n° 1, près de l'Abbaye.

AUX FRANÇAIS.

L'amour du bien-être est le mobile de toutes les actions humaines; il est donc de la plus haute importance de chercher à connaître ce qui le constitue.

Si je prenais l'homme dans l'état de nature, il me serait facile de prouver que son bonheur dépend uniquement de la conservation de ses forces corporelles, sans lesquelles il ne saurait remplir les conditions de son existence; mais je dois le considérer tel qu'il est maintenant, tel qu'une longue suite de siècles civilisés le produisent; et, puisque les besoins les plus essentiels ne sont plus que secondaires, puisqu'être logé, vêtu, nourri et couché commodément ne sont plus que des avantages d'un poids léger dans la balance de notre bien-être, il faut chercher à nous procurer le superflu dont nous faisons notre premier besoin.

Quel est-il donc ce superflu qui régit le monde, qui donne le bonheur et la souffrance, qui tarit et multiplie nos félicités, qui calme et fomente les ré-

volutions, qui nous rend inhumains et bienfaisans ?
C'est la vanité, qui nous rend heureux dès qu'elle est
satisfaite, et qu'on ne saurait blesser sans empoi-
sonner nos jouissances les plus pures.

Un penseur profond a dit :

« Qui entreprendrait l'histoire de la vanité en
» France, découvrirait bientôt une grande portion
» des causes de la révolution de 1789. »

En effet, le premier cri fut proféré en haine de
la noblesse : l'arrogance, le dédain des grands sei-
gneurs, et surtout des gentillâtres, étaient devenus
plus insupportables que l'inégalité des impôts, que
la dîme et la corvée. Le tiers-état pouvait être
irrité de ce que la noblesse opulente fût affranchie
des taxes qu'il payait au sein de la misère ; mais ce
n'était là qu'un privilége pécuniaire, qu'un abus,
qu'une injustice ; c'était moins que l'humiliation
causée par les mépris d'une caste orgueilleuse qui,
dans sa bonne foi sotte et niaise, se croyait pétrie
d'un limon particulier, vivifiée par un sang pur, et
qui ravalait presqu'à l'égal de la bête, l'artisan, le
laboureur et toutes les classes laborieuses.

Cependant, en 1789, le tiers-état, devenu plus
éclairé, commençait à n'apprécier les hommes que
d'après leur mérite personnel, distinction que la
noblesse affectait de méconnaître et de déprécier;
en sorte qu'il advint qu'après avoir détruit le privilége de la naissance, chaque vilain eut encore à

punir le mépris dont il avait été blessé. Les vengeances devinrent terribles et sanguinaires, la lutte s'établit avec acharnement : d'un côté se trouvait l'orgueil et le mépris, et de l'autre l'humiliation et l'envie.

Voyez dans quelle déconsidération la noblesse est parvenue à jeter l'ordre de Saint-Michel, que Louis XI institua pour récompenser le mérite : en l'honorant, elle eût craint qu'on ne reconnût enfin qu'il est plus glorieux d'avoir des talens que des ancêtres.

S'il était possible de constituer un gouvernement sans distinctions, on y étoufferait cette soif insatiable d'honneurs qui excite les hommes à la jalousie ; mais, puisque ce mal est inévitable, et qu'il est inhérent à l'espèce humaine, il faut du moins faire en sorte que les prééminences ne s'obtiennent que par des vertus réelles. Le malaise que nous éprouvons en nous mesurant contre des supériorités sociales peut porter de bons fruits, si la supériorité qui nous fait envie est méritée, parce qu'alors elle aiguillonne l'émulation et nous arrache à l'apathie.

Telle était encore l'éducation de la noblesse au milieu du dix-huitième siècle, que le fils d'un gentilhomme ne devait point aller au collége ; élevé seul, nourri dans l'égoïsme et le mépris des classes utiles, on lui interdisait sévèrement de se mêler aux jeux des roturiers, des gens de rien. C'est ainsi que le mauvais lait moral qu'il suçait en naissant gâtait son cœur, et jetait en lui le germe de ces fausses idées qui se développaient avant que la réflexion pût en arrêter les progrès.

De nos jours, le défaut de fortune ne permet pas à la noblesse de recevoir cette même éducation ; mais il est encore de mode et de bon ton, parmi les familles les plus riches, d'avoir un précepteur ; et l'on sait avec quelle amertume le faubourg Saint-Germain blâma le duc d'Orléans d'envoyer ses enfans au collége. Enfin la noblesse reste imprégnée du passé, et sent encore le vieux levain de l'orgueil : les fils de pairs se recherchent presque exclusivement : fiers et forts de leur droit héréditaire, ils peuvent se livrer à des excès de tout genre ; ils peuvent contracter des dettes, attaquer avec scandale l'honneur des familles, et compter sur une impunité garantie par leur crédit, leur majorat et l'impuissance de leurs créanciers ; ils peuvent négliger les vertus et l'instruction dont ils ont plus besoin que les autres classes, parce que leur ignorance et leurs vices n'entraîneront pas la perte d'une pairie dont le déshonneur ne saurait les priver.

Cependant les juges investis du pouvoir le plus sacré, celui de décider de la fortune, de la vie et de l'honneur des hommes, ne sont qu'inamovibles, et cette condition suffit à leur indépendance. Leurs enfans ne naissent point magistrats ; ils peuvent seu-

lement le devenir, si, par leur sagesse et leurs lumières, ils ont mérité l'estime publique.

La pairie n'exige pas de plus fortes garanties d'indépendance que nos tribunaux qui font parler les
lois, et sans lesquels il n'y a point de gouvernement
possible. Les priviléges héréditaires ne sont plus
en harmonie avec nos mœurs ; les hommes naissent
égaux en droits ; cette égalité chez les Français est
passée dans le sang, on ne peut plus la détruire :
elle s'est mêlée au principe vital de notre existence
morale et politique.

Il est bien entendu que je ne veux point de cette
égalité chimérique préconisée par quelques cerveaux
creux ; la nature aime à partager inégalement ses
faveurs, il faut se soumettre à cette loi : l'homme
fort sera toujours supérieur à l'homme faible, le
brave au lâche, et le savant à l'ignorant.

La noblesse créée par l'Empereur ne blessait dans
le principe aucune vanité ; elle avait été donnée à
tous les genres de mérite, et chaque Français se
disait : Je puis espérer la même récompense. Plus
tard cette noblesse serait devenue choquante,
parce qu'elle est héréditaire, et qu'il nous aurait
paru humiliant d'être contraint à reconnaître une
supériorité sociale dans le fils ou le petit-fils de tel
duc ou de tel prince, qui aurait pu se montrer
inepte ou lâche. Ainsi l'ancienne et la nouvelle
noblesse sont aujourd'hui dans la même catégorie ;

elles forment contre-sens et jurent avec la raison qui domine dans tous les rangs.

Il faut cependant l'avouer, la noblesse pourrait être une institution bonne et sage, si elle était exclusivement la récompense des services rendus. Dans ce cas, elle doit être individuelle et s'arrêter à celui qui l'a méritée : les héritiers n'y ont point de droits directs, et leurs prétentions à cet égard seraient aussi ridicules que la manie d'un homme qui réclamerait la croix d'Honneur parce que son père la portait, ou qui voudrait qu'on l'honorât comme savant, par la seule raison que ses ancêtres auraient fait preuve d'un grand savoir. Sans doute la gloire d'un père n'est pas entièrement perdue pour ses enfans, elle surgit après sa mort et reflète sur les héritiers de son nom ; l'imagination nous prévient toujours en faveur du descendant d'un grand homme : nous cherchons en lui les traces d'un génie passager ; mais nous voulons les reconnaître, sous peine de mépris. Ainsi, la petite-nièce du grand Corneille, au lieu d'exciter mon admiration, m'inspire un sentiment pénible quand je ne retrouve en elle qu'une médiocre actrice.

Mais, dira-t-on, si vous abolissez la noblesse héréditaire, bientôt il vous paraîtra injuste qu'un fils avare et paresseux hérite de la fortune amassée par l'activité et le génie commercial de son père. Ici la différence est grande, et l'on ne peut établir d'ana-

logie entre un droit moral et un droit de propriété.
La fortune, quoi qu'on en dise, n'entraîne avec elle
que de fausses apparences de considération : plus
d'un millionnaire paierait volontiers de tout le poids
de son or quelques grains d'estime. D'ailleurs l'héritier d'un riche spéculateur ne pourra pas, comme le
fils aîné d'un pair, impunément contracter des dettes
et se déconsidérer ; il faut remarquer aussi qu'il ne
possède point sa fortune à titre de majorat, de droit
d'aînesse, et qu'il n'a point dépouillé ses cadets ; il a
donc sur le fils du pair cet avantage immense que la
possession des biens dont il jouit n'a point excité de
haine de famille, et que la source de sa richesse par
conséquent n'a point troublé l'ordre de la société.
Au surplus, ne pouvant plus acheter la noblesse, le
riche sera forcé de la conquérir ; il sentira la nécessité de se faire homme noble (*notabilis*), c'est-à-
dire de se rendre utile, de protéger et secourir les
habitans du département où se trouvent ses pro-
priétés ; il sera jaloux d'exercer une influence comme
électeur, ou d'obtenir des suffrages en sa qualité
d'éligible. Enfin le fils du riche spéculateur n'héri-
tera que de l'argent de son père, et, s'il le dissipe
honteusement, il sera déconsidéré, tandis qu'après sa
ruine et son déshonneur, l'héritier de la pairie con-
serve encore un majorat, des titres et des préroga-
tives qui, de fait, lui assignent un rang supérieur
dans l'Etat.

Il faut donc abolir l'hérédité de la pairie, et de toutes les autres distinctions il faut ne laisser subsister que les titres affectés aux emplois, afin qu'ils soient personnels; ainsi nous n'aurons plus de ducs, de marquis ou de comtes, mais nous aurons encore des ministres, des maréchaux, des pairs, des députés, des généraux, des colonels, des présidens, des conseillers, des procureurs généraux, etc., etc. Il est naturel que chacun jouisse du titre de l'emploi dont il remplit les fonctions; et, comme on n'hérite plus des places, il faudra que les enfans des titulaires les méritent à leur tour. Cette nécessité les stimulera au collége et durant le cours de leur vie entière. Nous marchons à grands pas vers le véritable honneur : malheur à qui ne le comprend pas ! il est temps que chacun, dans sa classe et dans sa profession, puisse être noble; il est temps enfin que le mérite soit l'unique base des distinctions : c'était un effort de démence que d'avilir la plus grande partie d'une nation.

Sait-on d'ailleurs où nous conduiraient les majorats, la noblesse et la pairie héréditaire ? A l'aide de ces dangereux élémens se formerait une haute aristocratie, qui, marchant sur les traces de celle d'Angleterre, comme elle, ne soutiendrait le pouvoir débile de la couronne que pour tyranniser le peuple et se jouer de sa liberté. Il ne faut pas imiter aveuglément nos voisins d'outre-mer; il est en ce pays une plaie profonde qui le perdra et que la haute aristocratie a fait naître : c'est le paupérisme. Autrefois chaque seigneur anglais donnait à son vassal un champ à défricher moyennant une modique redevance ; le fermier, à force de labeur et d'industrie, faisait quelques profits, achetait un enclos, une vache, des poules, et vivait ainsi dans une sorte d'aisance.

Les riches ne tardèrent pas à s'inquiéter d'un bien-être qui pouvait conduire à l'indépendance ; ils ont racheté le champ, la vache et les poules, et aujourd'hui le paysan anglais n'est plus que journalier ; les maladies, la vieillesse dissipent ses économies, et le réduisent promptement à la mendicité ; de sorte que les revenus d'une commune sont souvent insuffisans pour alimenter les pauvres qui l'habitent. Cet état de choses, qui empêche toute division de la propriété, et qui, à l'aide du droit d'aînesse, concentre la richesse dans un petit nombre de mains, est politiquement et moralement vicieux. Les prolétaires se lasseront de souffrir et d'être avilis ; un jour, par un signal donné, on verra s'ébranler des masses qui dicteront la loi ; ils diront, comme Attila : Malheur aux vaincus !

Les habitans de nos campagnes sont dans une situation bien plus heureuse : chacun d'eux, en cultivant les terres du maître, laboure aussi le petit champ qui le fera vivre dans ses vieux jours. C'est à cette division infinie de la propriété que nous devons l'amour de l'ordre qui domine les esprits : il faut l'avouer, c'est un fruit doux et tardif de la révolution de 89. Mais n'est-il pas inconcevable qu'en France, chez un peuple généreux, éclairé, la considération d'un homme soit en sens inverse de son mérite ? ainsi, quand on parle, dans un salon, des grandes richesses d'un spéculateur quelconque, cent voix s'élèvent pour dire : C'est un homme de rien, son père n'avait pas un denier vaillant, etc., etc., etc. Par quelle absurdité se fait-il que la pauvreté du père ne rehausse pas le mérite et la vertu du fils ? La carrière est-elle plus courte parce que le point de départ était plus éloigné ? a-t-il fallu moins de force et de courage pour la remplir, que s'il eût été près du but ?

La France en masse sent l'injustice de cette manière de juger les hommes, et pourtant chacun s'y laisse entraîner ; tant est violent encore et profondément enraciné ce préjugé de la naissance qui ne fait aucun cas du mérite personnel, et qui veut qu'un homme tienne sa gloire et sa fortune de ses ancêtres !

Un avocat célèbre, M. Berryer père, vient d'écrire en faveur de l'hérédité de la pairie ; mais le talent de l'écrivain ne sert qu'à prouver qu'il défend une mauvaise cause, et qu'il s'est placé sur un faux terrain. Dans l'embarras où il se trouve de justifier une hérédité qui peut appeler à la pairie un imbécile ou un fripon, il propose de ne pas accorder cette charge exclusivement à l'aîné, et de la donner au plus méritant des enfans. M. Berryer ne voit donc pas qu'il établit entre les frères une rivalité funeste ? Et d'ailleurs comment connaîtra-t-on la supériorité ? Qui devra et qui pourra juger à qui la préférence est due ? Enfin, quel parti prendra-t-on quand il n'y aura qu'un fils ? Espère-t-on, dans le cas où cet unique héritier manquera d'honneur et de capacité, que son père en viendra faire l'aveu aux Chambres assemblées ? L'embarras de M. Berryer père atteste une vérité démontrée, c'est que l'hérédité de la pairie est un principe faux, dangereux et sans utilité.

L'hérédité de la pairie détruite, nous aurons encore à déraciner *le privilége moral* de la noblesse ; privilége injuste, révoltant, et qui repose sur un préjugé que quarante années de révolution n'ont pu extirper entièrement. C'est peu d'abolir ces vains titres de princes, ducs, marquis, comtes et barons, titres que le ridicule poursuit et n'a point encore assez effacés ; il faut que la vérité pénètre dans tous les esprits ; il faut que la France donne l'exemple à l'Europe, en reconnaissant qu'il ne doit plus exister de distinctions sociales que pour le mérite et la vertu. Nous sommes loin de ce but ; et, pour prouver à quel point les sottes et vieilles idées du dix-septième siècle conservent de force et d'empire, je

vais citer un exemple récent des effets de l'implaca-
ble préjugé de la naissance.

Madame la baronne de... émigra en 1793. Cette
dame emmena avec elle son neveu et la fille d'un
de ses fermiers. Elle prit soin de former le cœur et
l'esprit de cette enfant, qui lui donnait le doux nom
de mère. Privé de sa fortune en Angleterre, le neveu de la baronne ne dédaigna plus le commerce,
et se jeta dans les affaires ; son inexpérience l'égara,
et bientôt il fit banqueroute. Dans le même temps
sa tante vint à mourir, et avec elle s'éteignit une
rente viagère qu'elle s'était faite de la vente de ses
diamans. Le baron se trouva donc tout à la fois
perdu d'honneur et réduit à la plus grande détresse.
Sa jeune amie, élevée comme sa propre sœur, venait
d'atteindre sa vingt-quatrième année ; elle conçut le
projet de venir au secours du neveu de sa mère adop-
tive en formant un pensionnat de jeunes Anglaises. Une
raison précoce et mûrie par le malheur, son ton, ses
manières réservées, et les soins assidus qu'elle donnait à ses élèves, lui méritèrent la confiance d'un
grand nombre de familles ; son pensionnat prospéra
tout-à-coup ; les premiers fonds qu'elle en recueillit
servirent à payer les créanciers du baron et à le ré-
habiliter. Plus tard, elle le mit à même de se livrer
à de nouvelles spéculations, qui ne furent pas plus
heureuses que les premières. Enfin, le baron renonça
aux affaires ; mais comme il était peu honorable

d'abuser de la générosité de cette excellente femme, il la supplia de consentir à l'épouser. Elle était
jeune, jolie, spirituelle, riche de ses talens et de son
industrie. Le baron n'avait rien, pas même une
espérance; elle pensa donc que, sans cesser d'être
généreuse, elle pouvait céder à ses instances, et le
mariage se fit. Enfin, lors de la Restauration, ils re-
vinrent en France pour y passer leurs dernières années, et pour y jouir de leurs économies faites sur
une terre étrangère. Le baron, plus que jamais attaché à sa femme, s'empressa de la présenter à sa famille, et de raconter comment il lui devait l'honneur
et la félicité. Eh bien ! cette famille refuse de la voir
et la dédaigne, parce qu'elle n'est point née fille de
qualité ! Une seule parente de son mari consent à
la recevoir et à lui donner le titre de cousine; mais
elle ne la reçoit qu'un seul jour de la semaine, parce
que ce jour-là on ferme la porte aux habitués et aux
parens, qui rougiraient de s'y trouver dans la société
de la plus estimable des femmes. Enfin, son fils, âgé
de vingt-six ans, fuit et méconnaît sa mère, parce
qu'elle n'est pas noble... Je le demande, sommes-
nous en 1830 ?

N'hésitons pas, abolissons les titres et la noblesse,
prenons même des mesures à ce sujet, et frappons
d'une amende ruineuse les maîtres de maison où,
malgré la défense qui en sera faite, on admettra ces
distinctions vaniteuses et fatales au progrès des ver-

tus; les hommes, pour la plupart, sont de grands enfans, et, dans certains cas, les traiter avec rigueur, c'est acquérir des droits à leur reconnaissance. Au surplus, le mot de noble, dans le principe, ne fut pas d'abord un titre héréditaire et privilégié; il signifiait simplement notable. Les titres de duc, comte, marquis, vicomte, n'étaient que des dignités, des offices à vie, comme ceux de général chef, commandant, vidame et abbé. L'abus et la vanité les rendirent héréditaires : que la raison les abolisse.

Au premier rang de la noblesse ancienne je vois figurer un homme qui, malgré ses cheveux blancs, ne cesse d'intriguer et de s'agiter; sa bouche béante et ses yeux verts décèlent sa stupidité. Le misérable a su voler 7 à 800,000 livres en prêtant son argent à la petite semaine. Quelques maîtresses vieilles et laides lui procurent des emprunteurs sur gage, et, au besoin, de jeunes filles bien malheureuses, et à bon marché. Cependant, pour nous fasciner les yeux, il a fondé un établissement philantropique dont il fait une spéculation lucrative. Cet homme, que tout Paris connaît et méprise, voudrait se parer d'une ancienne origine : hélas ! d'impitoyables mémoires sont là pour nous dire que son grand-père était apothicaire. C'est ainsi que cette noblesse, qui plaçait jadis à sa tête des hommes illustrés, n'a plus pour point de mire que des noms sans éclat et des familles sans vertus.

La noblesse de Napoléon est également mal représentée. L'homme qui a voulu se mettre le plus en évidence a perdu la réputation d'honneur qu'il avait usurpée. Plus souvent battu que vainqueur, ce soldat, d'un esprit borné et d'une ignorance inconcevable, a successivement été jacobin, impérialiste et ultra-royaliste ; c'est un fanfaron de dévoûment, avec lui c'est toujours *à la vie et à la mort* ; mais quand le pouvoir de ses maîtres s'ébranle, il sait bien les forcer d'abdiquer pour s'en faire un mérite auprès du dernier venu. Il est vrai que ce loyal chevalier, que ce patriote désintéressé, cumule 2 ou 3oo,ooo fr. de traitement pour prix de ses bassesses. Il a des amis parmi les émigrés, attendu qu'il a brillé dans l'affaire du milliard : il voulait ainsi s'impatroniser à la cour ; il cherchait même à s'affubler d'une ancienne noblesse. Cependant on sait, sur les bords de la Loire, qu'en 1778, madame sa mère, qui était alors lingère, se présenta au colonel d'un certain régiment, portant une petite-fille sur le dos et tenant un gros garçon par la main. Elle réclamait un père pour ses deux marmots ; ses larmes intéressèrent, et, comme le suborneur était tout simplement sous-officier, on jugea que sans mésalliance il pouvait épouser mademoiselle Gothon la blanchisseuse.

En mémoire du courage de madame sa mère, qui, de bâtard qu'il était, en fit un fils légitimé, ce

personnage aurait dû conserver quelque attache-
ment pour le beau sexe : mais non ; humilié, peut-
être aigri par le souvenir d'une faiblesse qui lui avait
donné le jour prématurément, il est devenu, comme
Barbe-Bleue, l'effroi de toutes les femmes.

En général, les nobles de notre époque sont bien
inférieurs aux nobles d'autrefois. Si dans le dix-septième siècle la noblesse abusait de ses priviléges,
elle faisait du moins un bon usage de sa fortune ;
elle entretenait des régimens à ses frais, et savait se
ruiner pour le service du roi : elle ne revenait point
de la guerre plus riche qu'en partant. Son désinté-
ressement et sa prodigalité faisaient quelquefois ou-
blier ses déréglemens ; son orgueil se cachait sous le
vernis brillant d'une politesse exquise. Maintenant
qu'elle ne possède plus que de vaines et banales
distinctions, elle croit se distinguer par une gros-
sièreté de bon ton ; elle se trouverait un air bour-
geois si elle était affable ou prévenante ; l'imperti-
nence est à l'ordre du jour : c'est le type des bonnes
manières.

Il faut remarquer aussi que sur cent familles ti-
trées il y en a soixante dont les parchemins sont
nouveaux, et que sur les quarante qui restent il n'y
en a pas deux qui ne soient *mésalliées*. On conçoit
aisément qu'un cercle composé de semblables élémens vive en mauvaise intelligence. Sans doute il
serait sage à tous de se ménager mutuellement ; mais

chacun affecte de se croire à l'abri de la critique, et pour prouver qu'on n'a pas besoin d'indulgence, on n'en garde avec personne ; les représailles sont générales, en sorte que nulle société ne s'estima jamais si peu. La perte de ses titres sera donc pour elle un allégement plutôt qu'une privation ; elle deviendra plus humble, moins vaniteuse et plus chrétienne.

Aujourd'hui, la véritable noblesse, la franchise, l'honneur et l'instruction semblent s'être réfugiés chez les banquiers, les commerçans, les artistes, les littérateurs et les avocats : fiers à juste titre de leur position sociale, ils mettent leur orgueil à s'avouer les artisans de leur fortune. C'est puiser à une noble source le bonheur et l'estime ; ce sont de glorieuses richesses que celles qui sont le fruit du travail et de l'industrie ; elles valent mieux que les rapines exercées en pays conquis ; elles sont plus honorables que les trésors reçus de la main du grand conquérant. Affronter les périls, braver la mort sur le champ de bataille, et gagner dans le carnage des titres et des châteaux, est une gloire qui ne saurait égaler aux yeux de la raison le mérite de l'homme paisible et laborieux qui ne s'enrichit qu'en augmentant la prospérité de sa patrie.

Une seule famille en France doit recevoir des titres et un pouvoir héréditaire ; le principe d'hérédité n'est point ici dans l'intérêt de la famille royale, il est tout entier dans l'intérêt de la nation. Ce prin-

cipe est la plus forte garantie de la félicité des peu-
ples ; les révolutions les plus utiles portent des fruits
amers, et l'on sait combien les luttes qui accompa-
gnent un pouvoir électif sont funestes au bonheur des
États : vingt candidats se présentent ; le plus adroit
ou le plus audacieux doit l'emporter ; l'intrigue dé-
ploie ses forces en tout sens ; de là des déchiremens
continuels, et dignes de la régence d'Alger. Évitons
ces terribles écueils, et maintenons à notre tête la famille de ce Roi citoyen, dont les vertus civiques sau-
ront étendre et consolider nos libertés ; d'un roi
républicain, d'un roi protecteur sincère de la chose
publique, et qui comprend dans toutes ses conséquences la révolution de 1830.

Si, en arrêtant l'impulsion donnée par les trois
jours mémorables, le dernier ministère voulait seulement comprimer le mouvement anarchique mis
en jeu pour renverser le trône, ce but était sage,
et nous devons regretter qu'il n'ait pas été atteint ;
mais s'il entend par là qu'il a cru devoir étouffer les
principes qui ont coupé la branche aînée de notre
dynastie, il faut l'avouer, le ministère n'a pas com-
pris la révolution.

Et moi aussi, en crainte de l'anarchie, je me suis
hâté de proclamer, dès les premiers jours d'août,
que la révolution était finie, qu'il ne fallait ni écha-
fauds ni réactions. Toutefois par là je ne voulais pas
dire que la révolution n'avait plus rien à réclamer :

adopter ce sentiment serait opposer aux besoins de
la France une résistance dangereuse. Le souvenir
des excès de 1793 peut bien faire que la nation in-
quiète et craintive repousse d'une voix unanime des
réactions et des vengeances inutiles ; mais laissez-la
se rassurer contre les excès, et vous verrez si elle
juge que la révolution est terminée, si elle a satiété
de libertés, si elle aime les priviléges et les congrégations. Non, ceux-là ne comprennent pas la révolution qui enchaînent la liberté de la presse. Est-elle
sage, pourquoi des entraves? Est-elle aveugle et
folle, laissez-la courir, elle se perdra. Ne voyez-vous
pas qu'elle est plus forte que vous, et que vous ne
sauriez l'arrêter ; votre résistance ne sert qu'à l'ai-
grir, et votre prudence n'est que maladresse. Favo-
risez l'émission des journaux par tous les moyens
qui sont en votre pouvoir : plus de cautionnemens,
plus de droits de timbre, plus de taxes de transport ;
encouragez, excitez quiconque veut écrire ; inondez
la France d'ouvrages périodiques ; laissez tout cir-
culer, même les pamphlets les plus incendiaires ; enfin livrez la presse à ses propres excès, elle se lassera
de sa rage, que le bon sens des Français rend im-
puissante ; elle mourra de sa fièvre sans l'avoir com-
muniquée. C'est alors qu'insensiblement le nombre
des écrits diminuera, et que vous ne verrez surnager
dans cette inondation générale que les feuilles d'une
opposition loyale et sincère. Voilà les seules armes

avec lesquelles vous pouvez combattre les abus de la presse ; celles que vous employez augmentent sa force avec sa violence, et donnent des partisans à ses plus grands excès.

Il est encore une autre question d'un haut intérêt qui occupe en ce moment les Chambres et la France entière, c'est la fixation du cens électoral. Je pense qu'on n'est point assez généralement pénétré de l'importance du caractère des électeurs et du rôle qu'ils jouent dans l'Etat. Ce sont bien eux pourtant qui régissent la France, et qui dictent au gouvernement les principes qu'il doit suivre : les députés ne sont de fait que leurs délégués.

Le pouvoir de la Chambre s'évanouit devant celui des électeurs qui l'ont formée et qui la recomposeront sans cesse ; le représentant qui n'est pas soumis à leur vœu ne saurait siéger long-temps au corps législatif : la confiance et l'estime l'abandonnent de toutes parts ; il n'est fort et puissant qu'autant qu'il reste organe fidèle de cette portion de la nation, qui est la nation même.

Ces vérités incontestables nous conduisent à reconnaître que c'est dans le caractère et la position sociale des électeurs qu'il importe de rechercher exclusivement les garanties nécessaires au bien de l'Etat. Tous les propriétaires, depuis le plus imposé jusqu'à celui qui ne paie que 150 francs, me semblent donc devoir être électeurs, et seuls ils doivent

jouir de ce droit. En vain dira-t-on que c'est conserver encore un privilége de fortune, ce nom ne
peut être donné qu'à un avantage profitable ; et au
taux que je propose, les électeurs seront trop nom-
breux pour que ce prétendu privilége soit autre
chose qu'une charge à supporter ou un devoir à
remplir. D'un autre côté, ce minimum suffira pour
représenter les intérêts des classes les plus pauvres,
dont il se trouvera proche ou allié ; il est assez
élevé aussi pour qu'on n'ait pas à redouter de mettre
les élections à la merci des hommes privés de lumières et d'instruction. Celui qui paie 150 francs
d'impôt se trouve aussi fortement attaché au sol et
aux intérêts de son pays, que le plus imposé. Dans
ce cas, le sentiment est relatif, puisque l'homme qui
ne jouit que d'un revenu de 2,000 francs, s'il le
perd, éprouve la même privation que le millionnaire
qu'on frustre de tout ce qu'il possède. Plus tard, enfin, quand la civilisation aura fait de nouveaux progrès, et que les lumières auront gagné les derniers
rangs de la société, on pourra réduire encore le
cens électoral.

Mais, au surplus, afin que le mérite sans fortune
ne soit pas exclu du pouvoir, je voudrais qu'on
n'exigeât point un cens pour l'éligibilité. Je viens
d'expliquer que la garantie est tout entière dans
l'électeur, et c'est pour cela que je voudrais affran-
chir l'exigible de toute exigence. Quelle crainte en

effet pourrait-on concevoir à son égard, puisque les hommes appelés à l'élire réunissent toutes les qualités possibles pour nous garantir la bonté de leur choix, et qu'en effet ils en sont responsables moralement et à leurs propres risques et périls ?

Qu'importe que leur préférence tombe sur un homme pauvre, s'il a fait preuve d'honneur et de courage ; la loyauté du caractère est une plus forte garantie d'indépendance que la richesse ; ainsi donc il pourra se montrer zélé défenseur de la nation, et mépriser la séduction tout aussi bien que le plus imposé.

Il est pourtant à son égard une objection puissante, c'est l'impossibilité de soutenir la dépense occasionée par de fréquens voyages et par un long séjour à Paris. Mais pourquoi donc, au lieu de proposer d'indemniser les députés en masse, ne déciderait-on pas que tous devront posséder un revenu d'au moins 10,000 francs, et que le trésor complétera ce revenu à tous ceux qui n'en jouiront pas ? de sorte, par exemple, qu'on n'aurait que 2,000 francs à donner à celui qui en possède huit ; quand au contraire il faudrait en accorder 10,000 à celui qui n'aurait rien.

Par ce moyen les riches resteraient éligibles ; mais seulement on leur donnerait pour concurrens tous les hommes d'une haute capacité, sans égard à l'absence de fortune. De cette manière aussi, nous n'accorderions point d'indemnités superflues à la richesse ; nous les réserverions pour les gens de bien que la fortune maltraite, et dont les talens sont réclamés par la patrie.

Oui, mieux vaudrait laisser subsister le cens électoral à 3oo francs, que de soumettre l'éligibilité à toute autre condition que celle du mérite personnel.

Enfin, si, par des motifs que je ne puis prévoir, on voulait un cens d'éligibilité, je demanderais au moins que chaque département fût autorisé à choisir un mandataire parmi les hommes qu'il jugera dignes de sa confiance, quelle que soit leur pauvreté. Je demanderais que ce député, dont l'éligibilité ne serait soumise au paiement d'aucun impôt, pût être pris en dehors du département qui l'adopte, attendu que les choix de cette nature devant porter sur des hommes éminemment distingués par leurs talens et leurs vertus, on doit les considérer comme les enfans de la patrie tout entière, et non comme des êtres isolés appartenant exclusivement à une seule localité : il faut ici que le mérite moral domine le mérite matériel de la propriété, et que la prérogative soit de son côté.

Chacun des départemens de la Gironde, du Nord, de la Seine, de Seine-et-Oise et de la Seine-Inférieure pourrait nommer deux députés non électeurs. Ainsi du moins le mérite en France profiterait à la patrie, et serait vengé des rigueurs de l'aveugle fortune.

Après avoir démontré la nécessité de maintenir la liberté de la presse, de supprimer le cens d'éligibilité, de détruire l'hérédité de la noblesse et de la pairie, je veux combattre un préjugé non moins dangereux et qui depuis tant de siècles a répandu le sang humain à grands flots ; préjugé frère de la superstition, et, comme elle, enfant bâtard de la religion, le fanatisme enfin que nourrit et propage la papauté ; la papauté, pouvoir usurpé et fort de toute la crédulité des hommes. Si le trône pontifical se fût toujours montré bienfaisant, j'en respecterais l'illégitimité, car toute puissance s'est formée par l'usurpation, et le temps seul substitue le droit au fait en consacrant l'injustice en principe.

Avant de rappeler les dangers du despotisme que la cour de Rome exerce sur le monde catholique, je dois commencer par dire que l'athéisme n'a point desséché mon âme. Loin de moi la pensée d'abolir nos autels ! je sais que, dans l'état actuel de notre civilisation, une religion sans culte n'inspirerait qu'une vertu sans principe ; je ne crois pas non plus que de nos jours la morale humaine puisse tenir lieu de piété : elle ne saurait, comme cette fille du Ciel, consoler le malheureux et calmer nos passions. Si les hommes pouvaient maintenant se faire une religion, ils la pétriraient comme leur conscience, ils l'affubleraient de vices et de vertus, à l'instar des païens, et le mal ainsi que le bien se puiserait à une source divine.

Si le hasard m'avait fait juif ou mahométan, je ne me ferais pas catholique, parce que, pour un homme de bien, la meilleure religion est celle qu'il a, et qu'on peut également se maintenir dans les voies de l'honneur avec les préceptes de Confucius, de Zoroastre et de Mahomet, comme avec ceux de Jésus-Christ, ou de notre religion primitive. Toutefois je me félicite d'obéir à l'Evangile, parce qu'il est le plus pur de tous les codes religieux.

J'aime donc ma religion par préférence et par honneur; mais j'aime aussi mon pays, et j'abhorre les guerres du fanatisme, guerres qui n'auraient jamais ensanglanté la terre, si les évêques de Rome, en se faisant papes de leur droit privé, n'avaient point fondé leur domination sur l'ignorance.

Le christianisme n'est pas né dans la pourpre et au milieu des trésors : ses premiers pas ont été guidés par l'indigence et l'humilité ; ce n'est point avec le secours de soldats inhumains que notre religion a fait ses premiers pas : sa force était sa conviction, et sa conviction la rendait persuasive. Les temps sont bien changés : sa physionomie, d'abord si noble et si douce, n'exprime plus que l'orgueil et l'ambition ; ses premiers vicaires ne sont plus de modestes apôtres, depuis long-temps ils ont oublié la parole

de Dieu : « Je ne suis pas venu pour être servi, mais
» pour servir ; il n'y aura jamais parmi vous ni pre-
» mier ni dernier : que celui de vous qui voudra
» s'agrandir soit abaissé, que celui de vous qui vou-
» dra être le premier soit le dernier. »

Les premières églises chrétiennes s'étaient gouver-
nées en républiques sur le modèle des synagogues ;
les présidens prirent le titre d'*évêque*, du mot grec
qui signifie inspecteur ; enfin le mot *pape*, qui est
également grec, fut inconnu durant les premiers
siècles, même parmi les chrétiens : ils n'eurent de chef
à Rome que sous Trajan, car jamais saint Pierre
n'alla dans cette ville, bien que la puissance papale
veuille prouver sa légitimité par le séjour de cet apô-
tre dans la capitale de l'empire romain. Sans doute
les dons de Constantin accrurent la richesse et la
considération des papes ; mais que gagna Rome à
l'influence du clergé ? Les querelles religieuses déna-
turèrent l'esprit des Romains ; les lettres et les scien-
ces furent négligées, leur décadence fut rapide ; les
hommes s'énervèrent ; et quand Alaric et Attila se
montrèrent aux portes de cette reine du monde, ils
ne rencontrèrent que des moines en guise de soldats.
Ainsi dès son origine le pouvoir pontifical entraîna la
ruine du pays où il s'établit.

Cependant, long-temps encore après que les Lombards furent devenus maîtres d'une partie de l'Italie,
et que l'empire d'Occident se fut écroulé, les em-

pereurs d'Orient avaient conservé la Pouille, Ravenne et Rome, et l'évêque qui résidait dans cette dernière ville ne pouvait être consacré que par l'exarque qui séjournait à Ravenne.

Au huitième siècle les Lombards s'étant emparés de l'Exarchat, Rome demeura isolée, sans préfet, sans sénat, et les papes y exercèrent le pouvoir pontifical. Alors seulement les empereurs romains abandonnèrent le titre de souverains pontifes. La puissance des papes prit surtout un caractère imposant après les sacres de Pepin et de Charlemagne, qui la firent servir à leurs vues ambitieuses et à leur usurpation. On sait que Zacharie, consulté par Pepin le Bref pour savoir si le dernier des Mérovingiens devait régner, répondit que le véritable roi des Français était celui qui en avait l'autorité et le mérite. Bientôt après les papes disposèrent des couronnes à leur gré, et frappèrent de leurs foudres les rois qui refusèrent de s'avouer esclaves et tributaires.

Tout le monde parle d'excommunication, mais en général on ignore quelles étaient pour un royaume les conséquences de son interdiction. « Le pape » privait la nation de toutes les fonctions du chris-» tianisme, afin qu'elle se révoltât contre son souve-» rain, seul moyen qu'elle eût de mériter sa grâce. » On ne célébrait plus la messe, on déclarait l'air im-» pur, on ôtait les corps saints de leurs châsses, on

» enterrait les cloches et on jetait les morts à la voie-
» rie; il était défendu de manger de la chair et de se
» raser; enfin le roi, abandonné comme un pestiféré,
» ne trouvait plus un serviteur. » C'est ainsi que
Louis VIII, père de saint Louis, fut obligé d'expier
l'excommunication, en chemise, pieds nus, et fouetté
de verges par des chanoines jusqu'à la porte de
Notre-Dame de Paris.

Dirons-nous encore en 1830 qu'un pape peut
mettre notre royaume en interdit? Souffrirons-nous
que des prêtres qui siégent dans notre sénat puis-
sent méconnaître le pouvoir du roi, et que la
France ne soit pour eux qu'une seconde patrie?
Souffrirons-nous que des curés scandaleux refusent
la sépulture et bravent l'autorité du gouvernement
qui les fait vivre? Dirons-nous enfin que nous ne
pouvions nous donner un roi que du consentement
du pape?

En vain se reposerait-on sur le progrès des lumières : il n'y a pas six mois, que, d'un pas de géant
rétrograde, nous revenions vers ces temps d'ignorance et de crédulité où l'on se soumettait aux
taxes imposées par les légats, où l'on rachetait le
crime et les âmes par des indulgences à prix d'argent. Que de gens croient encore à Satan et à la
magie! Dernièrement à Bordeaux n'exorcisait-on
pas publiquement des misérables que des prêtres
disaient possédés du démon? Attendrons-nous qu'un

second duc d'Orléans père du peuple soit excommunié comme le fut Louis XII? Patienterons-nous jusqu'à ce qu'un nouvel Henri IV soit assassiné par les Jésuites? Laisserons-nous rétablir l'Inquisition et ses saintes tortures? Nous faut-il encore des auto-dafés, une guerre d'Albigeois, une Ligue, une Saint-Barthelemy? Français! n'oubliez pas que les lumières de votre siècle n'ont point éclairé le faible et malheureux Charles X; il règnerait en paix sur la France florissante, sans les séductions du fanatisme, et sans la peur superstitieuse d'une éternelle damnation. Songez que l'Espagne et le Portugal tiennent leurs malheurs des mains d'un clergé trop puissant. Français! défiez-vous de votre imprévoyance et de votre présomption. De ce que vous êtes sortis des ténèbres, il ne faut pas conclure que l'ignorance et son obscurité ne renaîtront jamais : mille causes peuvent les ramener au milieu de vous, si vos institutions manquent de force, si le foyer de vos lumières n'est point à l'abri de la main sacrilége du clergé. Formons un cordon sanitaire éternel entre nous et la papauté. Il faut tout prévoir et tout consolider ; il faut élever notre édifice social sur des bases inébranlables ; cela fait, nous nous reposerons et nous pourrons dire à nos neveux : « Vous n'avez » point à faire votre bonheur, nous vous en avons » évité la peine ; il vous reste seulement à le rendre » durable par la sagesse d'en bien user. »

Plus tard, quand les hommes, devenus sages, pourront se contenter d'un culte contemplatif, nous leur rappellerons que Jésus-Christ n'en a point voulu d'autre, qu'il n'a point bâti d'églises, qu'il n'a point institué de messes, qu'il n'admet de confession qu'à Dieu, que la coutume de se confesser au clergé ne remonte qu'au sixième siècle, et que nos prêtres chrétiens l'ont empruntée des Egyptiens, qui la pratiquaient dans la célébration de leurs mystères. Nous leur dirons enfin que Jésus-Christ n'a point voulu l'adoration des images, et qu'au huitième siècle le concile de Francfort, présidé par Charlemagne, rejetait cette adoration. Je dois, à ce sujet, rappeler que cet empereur ayant sollicité le pape Adrien de frapper d'anathême l'impératrice d'Orient qui adorait les images, ce pontife lui répondit : « Je ne puis déclarer hérétiques Irène et son fils, parce que le concile de Nicée approuve ces adorations; mais je les déclarerai tels s'ils ne me donnent les biens qu'ils possèdent en Sicile. » On voit à quel prix on put en tout temps être bon catholique aux yeux de la cour de Rome.

Tolérons encore le ridicule de ces dogmes prétendus divins; laissons-les subsister tant que la faiblesse des vertus humaines aura besoin d'être étayée : mais entourons le clergé de barrières insurmontables, afin qu'il ne puisse plus gangrener les esprits de fanatisme et de superstition.

La religion d'une monarchie est d'écouter la voix du peuple et de satisfaire aux besoins de la nation. Jusqu'à ce jour les papes nous ont honteusement dominés ; brisons ce joug humiliant. Arracher son bien des mains de l'usurpation, c'est user d'un droit naturel, d'un droit imprescriptible.

Français ! nous ne devons plus reconnaître d'autres maîtres que la patrie, les lois et notre Roi. Qu'il soit à la fois le chef de l'État et de l'Église ! Vous voulez la liberté des cultes, expulsez un pouvoir pontifical intolérant, dominateur, et qui appelle les souffrances éternelles sur la tête de tous ceux qu'il n'a point élevés dans son giron. Plus de papauté, plus de congrégations en France. Toutes ces sociétés mystiques ont leurs chefs à Rome ; c'est par leur secours que le Saint-Père exerce sa police inquisitoriale sur toutes les terres catholiques : coupons les ramifications de cet arbre qui depuis si long-temps nous couvre de son ombre malfaisante : qu'il végète isolé sur le sol où poussent ses racines ! Je ne prêche point une croisade contre la cour de Rome ; je laisse aux papes les droits régaliens dans le royaume qu'ils ont envahi ; mais je veux que leur puissance temporelle soit à jamais détruite en France ; et comme les pontifes romains sont d'une nature cancéreuse, je veux méconnaître jusqu'à leur pouvoir spirituel, à l'aide duquel ils auraient bientôt recouvré cette souveraineté terrestre qui leur est interdite par l'Évangile lui-même. Cette séparation ne formera qu'un schisme insensible. Le pape veut, malgré la loi de sa religion, avoir un royaume en ce monde; eh bien ! nous le traiterons comme un roi : la délimitation de ses frontières indiquera les bornes de sa puissance ; il n'interviendra plus dans nos affaires politiques et religieuses; et, comme nous, il priera Dieu chez lui. Nos évêques, autorisés par le chef de l'Eglise, qui sera notre roi, nous donneront des dispenses et des in= dulgences à meilleur marché que le Saint-Père. Nous n'aurons point non plus de difficultés en matière ecclésiastique; car un curé sera jugé par l'officialité de son évêque, sauf à en appeler, au besoin, à son archevêque, et en dernier ressort au roi. Il est bien entendu qu'en matière criminelle le prêtre, comme homme, sera déféré aux tribunaux ordinaires, parce qu'il faut que justice se fasse de la même manière pour tous les sujets sans exception.

J'ai dit que ce n'était point en haine de la reli= gion que je voulais expulser de la France le pouvoir de la papauté; et je dois dire aussi que ce n'est point en haine des nobles que je demande l'abolition de la noblesse. Il est en France peu de familles plus an= ciennes que la mienne, et il n'en est pas dont les titres soient plus exactement établis. Les Chérin et les d'Hosier sont nantis de mes preuves depuis 1400. Ce n'est point non plus pour me populariser que je fronde les abus, puisque je laisse ignorer mon nom,

Enfin, ce n'est point par exaltation d'opinion, car toujours je suis demeuré dans les voies de la modération. On ne saurait même me reprocher la moindre animosité contre la branche aînée des Bourbons : en 1829 je voulais la Charte et le roi ; comme aujourd'hui, je voulais l'ordre successif au trône dans l'intérêt général ; je voulais même que Charles X montrât de la fermeté, non pour briser notre pacte social, mais pour comprimer les factions et maintenir nos libertés.

Je n'ai point pris part à la révolution des trois jours ; je l'ai vue commencer avec douleur et inquiétude : mais le jour où le roi n'a pas craint de nous abandonner aux horreurs de la guerre civile, je n'ai plus envisagé que les dangers de ma patrie ; de toute ma force j'ai combattu l'anarchie, et c'est pour en prévenir le retour que je rappelle au pouvoir les exigences de notre âge moral et politique.

Cependant le premier devoir d'un Français étant de respecter les lois et de s'y soumettre, je n'aurais point écrit si la Charte eût été maintenue sans restriction.

Cette profession de principes a pour but de convaincre ceux qui me liront que l'esprit de parti m'est étranger ; je n'ai pris la plume que par amour de la patrie. La révolution qui vient de s'accomplir n'a que faiblement satisfait les esprits ; ils sont encore travaillés par de profondes agitations qui peuvent éclater inopinément comme les feux souterrains du volcan. J'entends de toutes parts crier avec force : «Plus d'entraves à la liberté de la presse! plus de cens » d'éligibilité ! plus de congrégations! plus de majo- »rats! plus de titres héréditaires! » Ces cris devien- dront menaçans ! Ministres et Députés, hâtez-vous d'accorder les bienfaits que la Nation réclame; plus tard elle voudrait vous les arracher.